BEI GRIN MACHT SICH IHR WISSEN BEZAHLT

- Wir veröffentlichen Ihre Hausarbeit, Bachelor- und Masterarbeit

- Ihr eigenes eBook und Buch - weltweit in allen wichtigen Shops

- Verdienen Sie an jedem Verkauf

Jetzt bei www.GRIN.com hochladen und kostenlos publizieren

Bibliografische Information der Deutschen Nationalbibliothek:

Die Deutsche Bibliothek verzeichnet diese Publikation in der Deutschen Nationalbibliografie; detaillierte bibliografische Daten sind im Internet über http://dnb.d-nb.de/ abrufbar.

Dieses Werk sowie alle darin enthaltenen einzelnen Beiträge und Abbildungen sind urheberrechtlich geschützt. Jede Verwertung, die nicht ausdrücklich vom Urheberrechtsschutz zugelassen ist, bedarf der vorherigen Zustimmung des Verlages. Das gilt insbesondere für Vervielfältigungen, Bearbeitungen, Übersetzungen, Mikroverfilmungen, Auswertungen durch Datenbanken und für die Einspeicherung und Verarbeitung in elektronische Systeme. Alle Rechte, auch die des auszugsweisen Nachdrucks, der fotomechanischen Wiedergabe (einschließlich Mikrokopie) sowie der Auswertung durch Datenbanken oder ähnliche Einrichtungen, vorbehalten.

Impressum:

Copyright © 2017 GRIN Verlag
Druck und Bindung: Books on Demand GmbH, Norderstedt Germany
ISBN: 9783668690066

Dieses Buch bei GRIN:

https://www.grin.com/document/415693

Sophie Engelien

Einführung von Massen. Mathematische Grundbildung trotz Rechenschwäche

GRIN Verlag

GRIN - Your knowledge has value

Der GRIN Verlag publiziert seit 1998 wissenschaftliche Arbeiten von Studenten, Hochschullehrern und anderen Akademikern als eBook und gedrucktes Buch. Die Verlagswebsite www.grin.com ist die ideale Plattform zur Veröffentlichung von Hausarbeiten, Abschlussarbeiten, wissenschaftlichen Aufsätzen, Dissertationen und Fachbüchern.

Besuchen Sie uns im Internet:

http://www.grin.com/

http://www.facebook.com/grincom

http://www.twitter.com/grin_com

Einführung von Massen

Sophie Engelien

Mathematische Grundbildung trotz Rechenschwäche

Sommersemester 2017

Universität Augsburg

08.08.17

Inhaltsverzeichnis

Thema	Seite
1. Verortung im LehrplanPLUS	3
2. Grundlegende Kompetenzen zum Ende der Jahrgangsstufe 4	3
3. Kompetenzstrukturmodell	3
4. Größen und Messen	4
5. Die Klasse	5
6. Ziel der Einheit und folgende Ziele	5
7. Phase 1: Spielerischer Einstieg	6
8. Phase 2: Begrifflichkeiten klären, Zusammenhänge entdecken	7
9. Phase 3: Erste Erarbeitung	8
10. Weitere Varianten	9
11. Ausblick – Was will ich erreichen?	9
12. Vorteil für leistungsschwache / leistungsstarke Kinder?	9
Quellen	11

1. Verortung im LehrplanPLUS

Um einen guten zielorientierten Unterricht anfertigen zu können, ist es nötig eine grundlegende Richtlinie der zu erarbeitenden Kompetenzen zur Verfügung zu haben. Diese Kompetenzen, Lerneinheiten und Erwartungen beinhaltet der LehrplanPLUS. Er wird unterteilt in „Bayerische Leitlinien für die Bildung und Erziehung von Kindern bis zum Ende der Grundschulzeit", „Bildungs- und Erziehungsauftrag der Grundschule", „Schulart- und fächerübergreifende Bildungs- und Erziehungsziele", „Fachprofile", „Grundlegende Kompetenzen", „Fachlehrpläne" und „Stundentafeln und Materialien zu LehrplanPLUS". Zur Erstellung eines möglichst effektiven Unterrichtsgeschehens sollten möglichst viele Aspekte berücksichtigt werden. Einige werde ich nun aufzählen.

2. Grundlegende Kompetenzen zum Ende der Jahrgangsstufe 4

„Die SuS verfügen über Vorstellungen zu den Größenbereichen Geldwerte (ct und €), Zeitspannen (s, min und h; auch Berechnung von Zeitpunkten), Längen (cm, m, mm und km), Massen (g und kg) sowie Hohlmaße/Volumina (ml und l) und wenden diese bei der Lösung alltagsnaher Probleme an", heißt es bei den Grundlegenden Kompetenzen zum Ende der Jahrgangsstufe 4 im Fach Mathematik. Besonderes Augenmerk sollte darauf gelegt werden, dass Massen erst ab Jahrgangsstufe 3 behandelt werden sollen, während die anderen Größenbereiche bereits in früheren Jahrgangsstufen eingeführt werden.

3. Kompetenzstrukturmodell

Das Kompetenzstrukturmodell findet man unter dem Stichpunkt Fachprofile – in diesem Fall im Fach Mathematik. Zunächst einmal finden wir im Fachprofil Mathematik Unteraspekte vor, welche „Lebensbewältigung mit Mathematik", „Kompetenzerwerb im Mathematikunterricht" und „Denken, Lernen und Handeln im Mathematikunterricht" heißen. Daraufhin wird das Kompetenzstrukturmodell erklärt.

Dieses orientiert sich an den Bildungsstandards im Fach Mathematik für die Grundschule, den Hauptschulabschluss, den Mittleren Schulabschluss und für die Allgemeine Hochschulreife und ist schulartübergreifend abgestimmt.

Es wird unterteilt in die Bereiche „Prozessbezogene Kompetenzen", welche den äußeren Ring darstellen und „Fünf Gegenstandsbereiche", welche die inneren Felder bilden. [Abb.1] Diese Bereiche sind stets miteinander verknüpft, weshalb Schülerinnen und Schüler prozessbezogene und inhaltsbezogene Kompetenzen stets eng verknüpft erwerben.

Für die Einführung der Massen sind alle prozessbezogenen Kompetenzen von Bedeutung, da in der Unterrichtseinheit sowohl argumentiert, kommuniziert und modelliert werden muss, als auch Darstellungen verwendet und Probleme gelöst werden müssen. Bei den fünf Gegenstandsbereichen befinden wir uns im Bereich „Größen und Messen", welches nochmal ein ganz eigener Unterpunkt ist.

4. Größen und Messen

Für den geplanten Unterrichtsverlauf finden wir folgende Anmerkungen im Bereich Größen und Messen:

„Die Schülerinnen und Schüler ...

- messen Größen mit selbst gewählten und standardisierten Maßeinheiten sowie mit geeigneten Messgeräten.
- verwenden Abkürzungen zu den standardisierten Maßeinheiten und notieren Messergebnisse (...) auch mit dem im Alltagsgebrauch üblichen Komma.
- zerlegen Einheiten innerhalb eines Größenbereichs, wandeln Einheiten um und wechseln Geldbeträge."

Natürlich kann man in einer Unterrichtseinheit nicht sofort von den Schülerinnen und Schülern verlangen, alles umzusetzen. Stattdessen sollte man sich einzelne Komponenten heraussuchen und auf diesen aufbauend die Einführungsstunde und darauffolgende Sitzungen planen. Dabei sollte man bedenken, dass jede Klasse und jeder Schüler anders mit neuen Themengebieten umgeht, weshalb es einer klaren Differenzierung bedarf. Auf mögliche Umsetzungen wird später genauer eingegangen.

5. Die Klasse

Da man sich möglichst gut auf das zukünftige Referendariat vorbereiten sollte, sollte sich keine Klasse ausgesucht werden, welche einen unterfordert. Stattdessen könnte man sich eine wirkliche Herausforderung aussuchen, um ideal aus dieser Situation lernen zu können.

In der Beispielklasse befinden wir uns in einer dritten Jahrgangsstufe mit 22 Schülerinnen und Schülern – zwölf Jungen und zehn Mädchen. Zwei von ihnen sind in Mathematik den anderen weit voraus, drei leiden an einer „Rechenschwäche" und 17 sind durchschnittliche Schülerinnen und Schüler. Bei den drei schwächeren Schülern ist es egal, ob sie eine attestierte Rechenschwäche haben oder nicht, da der Begriff der „Rechenschwäche" arg umstritten ist. Das äußert sich beispielsweise in schlechten Testverfahren, wobei Schülerinnen und Schülern ohne Rechenschwäche eine scheinbar doch vorhandene Rechenschwäche attestiert wurde – sei es, da eine gewisse Test-Zeit überschritten wurde oder ähnliche Bedingungen.

Die Stunde wird an einem Montag in einer der letzten Stunden stattfinden, da ein möglicher Härtefall die beste Vorbereitung auf eine bevorstehende Lehrprobe wäre. Dabei ist es wieder klassenabhängig, ob der Montag als „entspannter, erster Tag nach dem Wochenende" angesehen wird oder ob er als „spannender Tag des Austauschens über das Wochenende" wahrgenommen wird.

Die Voraussetzungen an die Klasse sind, dass sie bereits den Zahlenraum bis 1000 und darüber hinaus kennen, dass sie bereits erste Erfahrungen mit Kommata hatten und wissen, wie man dieses verwendet und dass sie leichte, kleine Einheiten umrechnen können (Beispiel: 1H = 10Z = 100E oder 60s = 1min).

6. Ziel der Einheit und folgende Ziele

In Anlehnung an den Lehrplan ist das Ziel dieser Unterrichtseinheit, dass die Schülerinnen und Schüler die Begriffe Gramm, Kilogramm, Tonne, schwerer als / wiegt mehr, leichter als / wiegt weniger, gleich schwer / wiegt gleich viel, je und deren Abkürzungen t, kg und g erlernen. Da den Schülerinnen und Schülern in einer Stunde nicht zu viel zugemutet werden soll, werden die Ziele der korrekten Umrechnung und die richtige Verwendung des Kommas auf folgende Einheiten gelegt.

7. Phase 1: Spielerischer Einstieg

Da sich die meisten Schülerinnen und Schüler in einer späten Stunde nicht mehr sonderlich gut konzentrieren können, da die Energie raus ist, ist es notwendig, sie zu animieren und die Lust und Motivation wieder zu wecken. Dies ist möglich, indem der Einstieg in ein neues Thema spielerisch (nicht albern!) und körperlich aktiv gestaltet wird. Allerdings muss man im Anschluss daran aufpassen, dass die Schülerinnen und Schüler auf ein angemessenes Klima herabfallen, ohne dabei erneut die Energie zu verlieren oder aber – im Gegenteil – zu überdreht zu sein. So einen Start bietet das Spiel „1, 2 oder 3?".

Die Regeln sind schnell erklärt: es wird eine Frage gestellt mit drei Antwortmöglichkeiten. Die Schülerinnen und Schüler müssen sich auf ihre vermutete Antwort begeben; die Antworten sind im Klassenraum verteilt. Schülerinnen und Schüler, die auf dem richtigen Feld stehen, bekommen einen Punkt. Das Kind, das die meisten Punkte bekommen hat, bekommt eine Belohnung. Eine sinnvolle Belohnung ist, dass der Schüler sich beim nächsten Spiel zuerst eine Rolle aussuchen darf oder aber dass er direkt das nächste Spiel aussuchen darf. Schlechte Alternativen sind Hausaufgabengutscheine oder aber das frühere Beenden einer Stunde, da den Schülerinnen und Schülern dadurch suggeriert wird, dass Hausaufgaben bzw. Schule etwas Negatives seien.

Einige Fragebeispiele sind: Was ist am schwersten? Was ist am leichtesten? Was wiegt nicht so viel, wie die anderen beiden? Als Antwortoptionen können dann entweder Wörter oder Bilder verwendet werden.

Das ideale an diesem Spiel ist, dass man es jedem Niveau anpassen kann, indem man die Fragen und Antworten verändert. Während es bei Drittklässlern noch um Elefanten und Mäuse geht, haben Erwachsene ihren Spaß an Autos, unvorstellbaren Größen und dem größten Schoko-Osterei der Welt. [Abb.2-4]

Der Bezug zu unserem Unterrichtsziel ist dadurch vorhanden, da die Schülerinnen und Schüler erst einmal erfahren, dass es Begriffe wie schwerer/leichter gibt und sie sich wirklich darüber Gedanken machen können, was diese Wörter denn überhaupt zu bedeuten haben. Sie erkennen, dass diese Begriffe etwas mit Gewicht oder aber Masse zu tun haben muss.

8. Phase 2: Begrifflichkeiten klären, Zusammenhänge entdecken

Nach dieser Einführung muss versucht werden, die Klasse in ein angenehmes Arbeitsklima zu bringen. Motivation und Interesse sind bei den Schülerinnen und Schülern nun geweckt. Sollte die Klasse zu aufgedreht sein, ist es möglich Yoga-Übungen mit ihnen durchzuführen. Diese fahren den Körper wieder ein wenig zurück, lassen den Kopf aber weiterhin arbeiten. Sobald die Klasse abgeklungen ist, versammeln sich alle im Kinositz vor der Tafel. Nun könnte man die Schüler fragen, was ihnen aufgefallen ist. Damit wird der Bezug zum Thema „Gewicht" hergestellt. Die Schülerinnen und Schüler können zusätzlich erklären, was sie unter den Begriffen aus „6. Ziel der Einheit und folgende Ziele" verstehen.

Daraufhin wird den Schülern erklärt, dass es zu Massen verschiedene Größen gibt, ähnlich wie zum Thema Zeit. Dadurch erkennen die Schülerinnen und Schüler Verknüpfungen, welche es ihnen wohlmöglich leichter machen, das neue Thema zu erlernen. Im Anschluss an die Gesprächsrunde werden Symbole an die Tafel gehangen, welche die Einheiten und Gewichte verdeutlichen (Beispiel: 1000g = 1 kg, 1000kg = 1t; 2g = Gummibärchen, 1t = Auto). Um auch dieses interessanter zu gestalten, kann man die Begriffe als „Wirrwarr" an der Tafel aufhängen und die Schülerinnen und Schüler sortieren lassen. Dabei sollte man darauf achten, dass dies nicht zu leicht wird, indem beispielsweise zum Schluss nur noch ein Pärchen übrig bleibt. Stattdessen sollten einige Gewichtangaben mehrfach vorkommen. Außerdem sollte man die meisten Bilder von den Kärtchen zur Hand haben, damit die Schülerinnen und Schüler die Gewichte auch direkt selbst spüren können und ein Gefühl dafür bekommen, was schwerer und was leichter ist. Das wichtigste beim Lernen ist nämlich, dass die Schüler einen direkten Bezug zum Thema erkennen. Ohne einen ihnen ersichtlichen Grund, kann das Interesse für das Thema sehr schnell wieder abfallen. Zusätzlich wird Interesse gestärkt, wenn die Schülerinnen und Schüler selbst experimentieren können, sei es beispielsweise durch eine genaue Bestimmung mit einer digitalen Waage oder durch einen Vergleich zweier Gewichte mit einer Balkenwaage.

9. Phase 3: Erste Erarbeitung

Zum Schluss geht es in die Arbeitsphase. Diese sollte in Einzelarbeit erledigt werden, damit jeder Schüler seinen individuellen Lernzuwachs bearbeiten kann. Außerdem ist es mir als Lehrer so möglich zu erkennen, welcher Schüler an welchen Stellen noch Schwierigkeiten hat. Dadurch, dass es sich um eine Einführungsstunde handelt, sollte es sich auch um Einführungsaufgaben handeln, wobei man für stärkere Schülerinnen und Schüler noch weitere Arbeitsblätter zur Verfügung haben sollte. Bei den Arbeitsblättern ist eine gute Differenzierung von Nöten, da nicht alle Schüler auf einem Niveau sind. Jeder Schüler soll nach besten Mitteln gefördert werden, was nicht möglich ist, wenn schwache Schüler über- und starke Schüler unterfordert sind.

Aufgabenstellungen, die für alle geeignet sind, sind Ankreuzaufgaben mit der Frage „Welche Aussage stimmt?". Diese Aufgaben können beliebig variiert werden, sodass schwache Schüler ebenso gefordert werden wie starke Schüler. Bei diesem Aufgabentypen müssen sich Bilder gut vorgestellt und Verhältnisse gesetzt werden können, weshalb sie gut bilden können. Des Weiteren gibt es Rechenaufgaben, wobei es darum geht, das eigene Rechnen zu verbessern und ebenso die Einheiten zu erlernen. Die Schülerinnen und Schüler erkennen, dass man zwei Einheiten nicht einfach so zusammenrechnen kann, sondern umwandeln muss. Außerdem kann man auch diese Aufgaben so variieren, dass jeder Schüler optimal gefördert wird. Rechenschwache Schüler brauchen dazu viel Platz, damit sie ausführlich schriftlich rechnen können und stärkeren Schülern kann man kombinierte bzw. schwerere (Text-)Aufgaben geben. Außerdem gibt es Sortieraufgaben, bei welchen man verschiedene Gewichte sortieren muss. Diese Art von Aufgabe ist besonders gut für schwächere Schüler geeignet, da sie so ihr Verständnis von Gewichten vertiefen können. Zu guter Letzt gibt es Experimentieraufgaben, welche allen Schülern gleich viel bringen, da bei diesen Aufgaben das Interesse besonders groß ist. Es ist möglich die Frage zu stellen „Wie viele Büroklammern wiegen so viel wie dein Bleistift?", wobei jedes Kind sich selbst angesprochen fühlt und demnach umso intensiver arbeitet. Außerdem werden hier die Kenntnisse von Gewichten vertieft, da in diesem Fall ein Gewicht so verändert werden muss, dass es einem anderen Gewicht entspricht.

Wenn alle Aufgaben richtig hergerichtet wurden, dann kann es zu keinen Störungen und keiner aufkommenden Langeweile kommen – bei keinem Schüler.

10. Weitere Varianten

Selbstverständlich gibt es nicht „die eine Methode" guten Unterricht zu gestalten. Stattdessen sollte man vielmehr mit seiner Klasse experimentieren und herausfinden, was ihr liegt. Zum Ende der Einheit kann man beispielsweise ein weiteres Klassenspiel entwickeln, abgeleitet aus „Stadt, Land, Fluss". Oder aber man geht (in der Weihnachtszeit beispielsweise) mit dem neuerarbeiteten Wissen in die Küche und backt zusammen. Den Methoden zur Erarbeitung sind so gut wie keine Grenzen gesetzt, solange das Ziel erreicht wird.

11. Ausblick – Was will ich erreichen?

Mit dieser Unterrichtseinheit soll erreicht werden, dass die Schülerinnen und Schüler die Basis zum Thema „Massen" verstehen lernen. Auf dieser wird dann aufbauend der fortlaufende Unterricht beruhen, in welchem die Schülerinnen und Schüler lernen sollen richtig mit dem Komma umzugehen und die Einheiten richtig umzuwandeln und zusammenzurechnen. Dieser Unterricht soll sie also auf die Zukunft vorbereiten, in welcher sie noch eine ganze Menge mit Gewichten zu tun haben werden (Beispiele: kochen, einkaufen, Arbeit eines Architekten).

12. Vorteil für leistungsschwache / leistungsstarke Kinder?

Wo liegt in dieser Stunde nun der Vorteil für die leistungsstarken und die leistungsschwachen Schüler?

Die leistungsschwachen Schüler, um welche es in unserem Seminar hauptsächlich ging, haben viele Vorteile einer solchen Stunde. Zum Einen erfahren Sie in Phase 1, dass dieses neue Thema sehr viel Spaß bereiten kann und dass die Motivation mit Recht hoch sein darf. Das führt dazu, dass sie sich in dieser Phase voll einbringen, auch wenn es bereits eine späte Stunde für Mathematik ist. In Phase 2 haben schwache Schülerinnen und Schüler es gut, da die zu erklärenden Begriffe bereits bekannt sind und sich die Schüler dann zusätzlich im Erklären verbessern können. Außerdem könnte es ihnen leicht fallen, das neue Thema zu lernen, da es enge Verknüpfungen zu bereits Bekanntem aufweist und demnach eigentlich nicht neu ist.

Dazu zählt unter anderem, dass größere Einheiten in kleinere umgewandelt werden und dass ein Komma verwendet werden kann bzw. muss (Verknüpfung zum Thema „Zeit"). In Phase 3 wird jeder Schüler individuell gefördert, da die Differenzierung richtig angewendet wurde und die Schüler so die Möglichkeit haben, sich richtig einzuschätzen und den richtigen Aufgaben zu widmen. Außerdem wird in dieser Phase die Motivation bei Experimentieraufgaben nochmals erhöht.

Leistungsstarke Kinder haben ähnliche Vorteile. Auch sie werden in der ersten Phase dazu ermuntert, Spaß zu haben, weshalb ihr Interesse steigt. Ebenso können sie in Phase 2 die verwandten Themen zu ihrem Vorteil nutzen und sich im Erklären verbessern. Doch der gravierende Vorteil für die starken Schüler befindet sich in der letzten Phase. Dadurch, dass es eine große Aufgabenvielfalt gibt, ist es nicht möglich, dass den Schülerinnen und Schülern langweilig wird. Das Gegenteil ist der Fall: Sollte ein Schüler zu schnell fertig werden, warten auf ihn extra schwere Aufgaben, für welche er vorheriges Wissen braucht, um dieses anzuwenden. Die Schülerinnen und Schüler spornt es an, sich an dieser Art von Aufgabe zu versuchen und Erfolge zu erleben.

Zusammenfassend stellt man also fest, dass diese Stunde große Vorteile für alle Schülerinnen und Schüler bereithält, wobei sie zusätzlich das Interesse weckt und die Motivation steigert. Außerdem kann dieses Thema auf verschiedenen Wegen herangeführt werden, weshalb es nicht „die eine Variante" gibt. Wichtig ist, dass man mit seiner Klasse experimentiert, um die volle Leistung erbringen zu können.

Quellen

Ammesdörfer, Erika: Werkstatt – Gewichte 1 – Kompetenzen entwickeln. Niekao Lernwelten. Auflage 1. 2008

Ammesdörfer, Erika: Werkstatt – Gewichte 2 – Kompetenzen entwickeln. Niekao Lernwelten. Auflage 1. 2008

LehrplanPLUS

https://www.niekao.de/Unterrichtsmaterial/Mathematik/Sachrechnen

(15.07.2017, 19:00)

http://park-koerner.de/Grundschule/110_Rechnen_3_4_Teil_I.3570

(15.07.2017, 20:00)

http://www.tivi.de/fernsehen/12oder3/start/ (15.07.2017, 15:35)

BEI GRIN MACHT SICH IHR WISSEN BEZAHLT

- Wir veröffentlichen Ihre Hausarbeit, Bachelor- und Masterarbeit

- Ihr eigenes eBook und Buch - weltweit in allen wichtigen Shops

- Verdienen Sie an jedem Verkauf

Jetzt bei www.GRIN.com hochladen und kostenlos publizieren